Text © Norbert Landa
Seite 10-13: Birgit Oesterle
Philipp von Hanne Türk
Illustrationen © Hanne Türk
Seite 14, 40, 59, 104: Achim Ahlgrimm
Seite 62, 63: Rosanna Pradella
Seite 86: Anna Kosanowa
Druck und Bindung: Proost, Belgien

ISBN 3-933813-92-1

Das große PHILIPP Buch

spielen
und lernen

INHALT

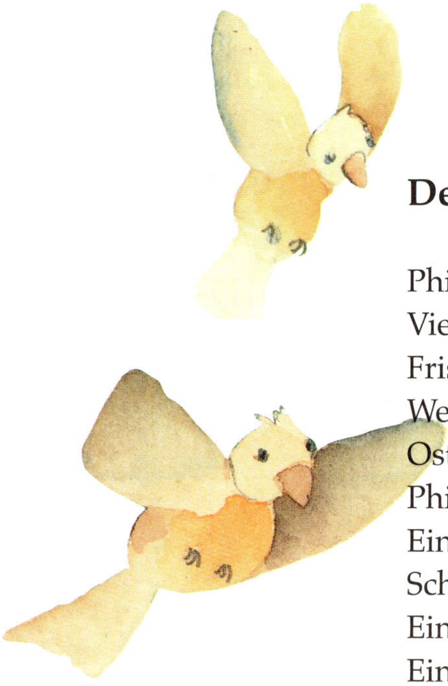

Der Frühling kommt!

Alles Gute zum Geburtstag

Huii! Die kalte Zeit beginnt!

Schneeweiße Weihnachten

DER FRÜHLING KOMMT!

Der Frühling kommt! Die Sonne lacht!
Da hab ich ein Gedicht gemacht:

Nach dem Winter kommt der Frühling.
Schau! Die Vögel werden grün,
und die Schmetterlinge blühn.

Aber nein! Die Blumen blühn,
und die Schmetterlinge sprießen,
und bald müssen wir sie gießen.

Falsch. Die Schmetterlinge flattern,
und am Himmel singt der Schnee.
Fortgeschmolzen ist der Klee.

Nein! Die lieben Vögel singen,
und geschmolzen ist der Schnee.
Auf der Wiese sprießt der Klee.

Die Sonne scheint mir ins Gesicht,
und fertig ist jetzt mein Gedicht.

PHILIPP UND DER GLÜCKSKLEE

„Tiger, schau, die Sonne scheint!“, rief Philipp. „Komm, wir gehen spazieren.“
Tiger blinzelte. Er hatte keine Lust zu schauen. Er war müde. Und erst recht hatte er keine Lust spazieren zu gehen. Aber Philipp schleppte ihn einfach mit.

„Tiger, riechst du den Frühling?“,
rief Philipp und schnupperte.
Philipp wurde immer fröhlicher. Und Tiger immer müder.
„Tiger, hör mal, die Vögel sind wieder da. Wie schön sie zwitschern.“
Tiger war das egal. Trotzdem spitzte er ein klein wenig die Ohren.

„Tiger“, rief Philipp, „schau, da wächst schon Klee. Komm, wir suchen ein vierblättriges Kleeblatt. Das bringt Glück!“ Aber Tiger hatte keine Lust umherzugehen, Kleeblätter anzuschauen und zu zählen.

„Dann bleibst du eben da“, sagte Philipp. „1– 2 – 3“, zählte Philipp. „1– 2 –3 – 1– 2 – 3 ...“ Philipp zählte Kleeblätter. Und Tiger schlief – mitten im frischen grünen Klee.

„1– 2 –3 – 1– 2 – 3 ...“ Philipp fragte sich, ob es überhaupt vierblättrigen Klee gab. „1– 2 – 3 ... “ Und wenn es vierblättrigen Klee gab, ob der dann auch Glück brachte? „1– 2 – 3 ...“

Tiger hätte ruhig beim Suchen helfen können, dachte Philipp.
„1– 2 –3 – 1– 2 – 3 ...“

Philipp war enttäuscht.
Seine Laune wurde immer schlechter.
Und der Himmel wurde immer dunkler und dunkler.

„Wir gehen nach Hause, Tiger“, sagte Philipp. Doch da fiel ein dicker Regentropfen vom Himmel, direkt auf Philipps Nase.

„Blöder Regen“, schimpfte Philipp. „Wir müssen uns unterstellen.“ Und schon zog er Tiger unter einen großen Baum.

Ping – ping – pingpingping ...
Die Tropfen prasselten auf das Blätterdach. Tiger störte der Regen nicht. Im Gegenteil, er sah vergnügt auf die Wiese hinaus.

Philipp hockte unter dem Baum und schaute mürrisch, wie die Tropfen auf die Wiese fielen. Pingping – pingping... Hörte der Regen denn gar nicht auf?

Pingpingping – ping – ping ...

Da, was war das?
Philipp sprang auf und mit einem Satz war er draußen auf der Wiese. „1 – 2 – 3“, zählte Philipp, „und 4!!! – Tiger!“, rief er, „ein vierblättriges Kleeblatt! Wir haben ein vierblättriges Kleeblatt gefunden!“

Philipp lief mit dem Kleeblatt zu Tiger und steckte es ihm vorsichtig hinters Ohr. Dann nahm er Tiger in den Arm.
„Auf so ein Kleeblatt muss man gut aufpassen“, sagte Philipp.
„Komm, Tiger, wir bringen es nach Hause.“ Sie machten sich auf den Weg.

Der Regen hatte aufgehört und die Sonne kam wieder hervor.
„Was meinst du, Tiger“, fragte Philipp, „ob das vierblättrige Kleeblatt uns Glück bringt?“
Da nickte Tiger und drückte sich ganz fest an Philipp.

Viele bunte Blumen

Philipp hat Blumen gepflückt und daraus Sträuße gebunden.
Male die Blumen und die Sträuße bunt zu Ende.
Und male einen eigenen großen Blumenstrauß dazu.

Frisch gestrichen!

Ein jeder weiß: Wer bunte Ostereier haben will, muss sie bunt anmalen.
Und dann muss man die Farben trocknen lassen. Aber wissen das auch die Hühner?

WER WAR DER EIERMALER?

A

E

Bald ist Ostern. Da haben die Osterhasen alle Hände voll zu tun.
Denn sie müssen fleißig Eier bemalen. Rote, grüne oder blaue Eier.
Manche bekommen auch Streifen. Oder bunte Punkte.

So viele bunte Eier. Schau genau hin: Welcher Hase hat welche Eier bemalt?
Schreibe den Buchstaben des richtigen Hasen in das Kästchen mit seinen Eiern.
Dann kennst du das Lösungswort.

Auflösung: Das Lösungswort heißt HASE.

Ostermaus und Osterhas'!

Lieber Hase, zeig mir was!
Zeig mir, wie du hüpfst und springst
durch das frische, grüne Gras.
Zeig mir, wie du dich versteckst,
wenn du bunte Eier bringst.
Lieber Hase, zeig mir das!

Und wir spielen, weißt du was? —
Ostermaus und Osterhas'!

PHILIPP HILFT DEM OSTERHASEN

Zeichne Blumen in die Wiese und male alles schön bunt an.

Ein Tag im Frühling

Zu jeder Jahreszeit sieht Philipps Garten ein bisschen anders aus. Auf dem linken Bild ist noch Frühling. Philipp will gerade einen Spaziergang machen. Oder lieber doch nicht? Auf dem rechten Bild ist der Sommer gekommen. Jetzt macht es viel Spaß, in den Garten zu gehen.

Schau dir die beiden Bilder genau an: Was ist auf dem Frühlingsbild anders als auf dem Sommerbild? Siehst du die vielen Unterschiede?

EIN TAG IM SOMMER

Frühlingsbild
Es regnet
Das Fenster ist geschlossen
Kein Blumenkasten am Fenster
Tiger guckt aus dem Fenster
Philipp hat ein warmes Halstuch
Die Möhren sprießen
Die Tulpen blühen

Sommerbild
Die Sonne scheint
Das Fenster ist offen
Blumenkasten am Fenster
Tiger schaut dem Vogel zu
Dünnes Halstuch
Die Möhren sind reif
Die Sommerblumen blühen

Frühlingsbild
Der Vogel baut sein Nest
Das Nest ist noch leer
Die Topfpflanzen sind noch im Haus
Der Baum ist noch kahl
Der Vogel pickt am Boden
Zwischen den Steinen wächst kein Gras
Die Sonnenblume sieht man noch nicht

Sommerbild
Der Vogel fängt einen Wurm
Im Nest sind schon Junge
Philipp gießt die Topfpflanzen
Der Baum hat viele Blätter
Der Vogel pickt reife Beeren
Zwischen den Steinen wächst Gras
Die Sonnenblume ist schon groß

SCHNELLER, MEINE KLEINE SCHNECKE

Kriech, Schnecke, kriech,
wir warten schon auf dich!
Das Sommerfest, das fängt schon an
und gleich bist du zum Tanzen dran!
Kriech, Schnecke, kriech,
wir warten schon auf dich!

Los, Schnecke, los,
sag, wo bleibst du bloß!
Die Musikanten spiel'n schon was
und ohne dich macht's keinen Spaß!
Los, Schnecke, los,
sag, wo bleibst du bloß!

Lauf, Schnecke, lauf
wir warten alle drauf,
dass es endlich Kuchen gibt.
(Keiner, der nicht Kuchen liebt!)
Lauf, Schnecke lauf,
sonst essen wir ihn auf!

Dieses Schneckengedicht könnt ihr auch nach der Melodie von „Maikäfer, flieg" singen. (Aber ganz langsam!)

Eine spannende Sommernacht

Endlich war Sommer! Draußen summte und brummte es, es blühte und duftete.

„Tiger", sagte Philipp, „sollen wir zelten gehen?" Tiger war sofort dabei. Sie beschlossen, sich ein ruhiges Plätzchen zu suchen und die Nacht unter den Sternen zu verbringen. Auf einer Wiese mitten im Wald und am Bach.

Philipp und Tiger riefen ihre Freunde an und fragten, ob sie Lust hätten mitzukommen.

Rosa und Mariechen sagten: „Ein ruhiges Plätzchen am Bach? Und wenn das Wasser steigt, spült es uns fort. Wir mögen keine nassen Füße! Lieber nicht!"
Igor sagte: „Ein ruhiges Plätzchen im Wald? Wohnen da nicht wilde Tiere? Vielleicht ein andermal!"
Max sagte: „Ein ruhiges Plätzchen unter den Sternen? Und wenn die Räuber kommen? Ich weiß nicht, ich weiß nicht ..."

„Diese armen Stadtmäuse", sagte Philipp, „sie wissen nichts von Freiheit und Abenteuer! Dann fahren wir eben allein!"
Sie packten alles in den Bollerwagen: das Zelt, die Luftmatratzen und Schlafsäcke, Haferflocken und Äpfel, Tigers Schüsselchen, Philipps Gitarre und all die anderen Sachen, die man braucht, wenn man zelten fährt. Am Nachmittag zogen sie los.

Zum Abschied drehten Philipp und Tiger eine Runde ums Haus. Dann bogen sie rechts in die Landstraße ein, dann links in den nächsten Feldweg, und schon ging's den Hügel hinunter. Endlich fing der Wald an.

„Wenn dir ein Plätzchen gefällt", sagte Philipp zu Tiger, „dann musst du bremsen!" Der Wald wurde dichter und dichter.

Auf einmal hörte man ein Murmeln. Das war der Bach. Und da war auch eine grüne Wiese. Tiger bremste. Das war das Zeichen. Ja, hier war wirklich ein schönes, ruhiges Plätzchen. Zusammen bauten sie das Zelt auf.

Dann suchte Philipp einen sicheren Ort für das Lagerfeuer: auf einer Sandbank am Bach, weit weg von Büschen und Bäumen.

Inzwischen war es fast schon dunkel. Sie brieten Kartoffeln und kochten Kräutertee. Sie fühlten sich so richtig wohl. Und sie dachten an Rosa und Mariechen, an Max und Igor. Diese Langweiler und Schlafmützen! Philipp zupfte auf seiner Gitarre ein Lagerfeuerlied.

„Guten Abend, gute Nacht,
von den Sternen bewacht
und im Zelt gut versteckt,
schlüpf unter die Deck´!"

Langsam wurden Philipp und Tiger müde und mussten gähnen. Mit einem Eimer Wasser löschte Philipp das Feuer. Es zischte und qualmte. Dann machten sie sich auf den Weg zurück zum Zelt. Der Mond war nur eine dünne Sichel, doch die Sterne funkelten hell am Himmel.

Sie krochen ins Zelt und in die Schlafsäcke. Es war gut, dass die Sterne sie bewachten. Noch besser war es, dass Philipp auch eine Taschenlampe hatte. Denn es war wirklich ein sehr ruhiges Plätzchen. „Gute Nacht, Tiger", sagte Philipp.
Dann war es still. Nur der Bach gluckste und murmelte. Er hörte sich nass und kalt an. Und sehr nahe. Philipp dachte daran, was Rosa und Mariechen gesagt hatten. Konnte es sein, dass der Bach überlief? Er musste nachschauen. Aber der Bach plätscherte friedlich dahin. Überlaufen?, dachte Philipp. So ein Unsinn. Es hat doch gar nicht geregnet!
„Es ist nur der Bach", flüsterte er Tiger zu: „Und jetzt, gute Nacht!"

Da machte etwas ganz laut: „Quak!" „Tiger", fragte Philipp bange, „hast du gequakt?" Und wieder: „Quak! Quak!" Nein, das war nicht Tiger. Das Quaken kam von draußen. Vor dem Zelt saß ein Frosch. Wie konnte ein einziger Frosch bloß so laut quaken!

„Pssst, wir wollen hier schlafen!", flüsterte Philipp. „Quak!", sagte der Frosch und hüpfte davon. „Das war nur ein kleiner Frosch", flüsterte Philipp Tiger zu. „Nun ist er wieder fort. Aber jetzt, gute Nacht, Tiger." Und sie rückten näher zusammen.
Fast wären sie eingeschlafen. Doch da machte etwas: „Schuhu! Schuhu!"
„Tiger", sagte Philipp, „sag bloß, du heulst!" Aber es war nicht Tiger. Es war etwas anderes. Philipp dachte an Igors warnende Worte. Wilde Tiere?

„Schuhu! Schuhu!" Tapfer spähte er aus dem Zelt. Auf dem Baum saß eine Eule.

„Hör mal, Eule", sagte Philipp, „weißt du eigentlich, wie spät es ist? Flieg doch woandershin!"

Die Eule klappte die Augendeckel auf und zu und schwebte davon. „War nur eine alte Eule!", flüsterte Philipp. „Keine Bange, Tiger. Jetzt ist sie fort. Gute Nacht, mein kleiner Schatz!" Sie rückten noch näher zusammen.

Auf einmal schmatzte etwas laut.
Philipp überlegte: „Ob das Tiger ist?
Nein, Kätzchen schmatzen nicht,
Kätzchen schlabbern. Also, wer
schmatzt da so laut?"

Es war ein kleiner Igel.
Er verspeiste die Frühstücksäpfel.
Sie waren frisch und knackig
und sie schmeckten ihm sehr.

„Das kannst du doch nicht machen!",
sagte Philipp.
„Das ist unser Frühstück!"
Der Igel rollte sich beleidigt
zusammen und rührte sich nicht.
„Na schön", sagte Philipp, „einen
Apfel darfst du behalten."
Die anderen nahm er mit ins Zelt.

„Keine Bange!", flüsterte er zu Tiger.
„Das war nur ein hungriger Igel! Gute Nacht, Tiger!" Sie kuschelten sich zusammen.
Da hörte Philipp Stimmen! Schritte in der Nacht! Kichern im Wald! Philipp und Tiger
spitzten die Ohren. Waren das jetzt die Räuber, vor denen Max gewarnt hatte?

„Keine Angst, Tiger“, sagte Philipp. „Das sind bestimmt keine Räuber. Räuber kichern nicht, wenn sie kommen. DIESE Stimme kenne ich. Das ist Rosa!“

Und da waren sie auch schon, ihre Freunde. Was für ein Hallo!

„Wir hatten uns doch entschlossen mitzukommen“,sagte Rosa. „Aber ihr wart schon weg.“

„Und da haben wir euch gesucht“, rief Mariechen. „Zum Glück hattet ihr noch Licht im Zelt.“

„Jetzt sind wir ganz schön müde“, seufzte Max.

„Habt ihr denn noch ein Plätzchen frei für ein paar Freunde?“, fragte Igor.

Natürlich gab es Platz für alle. Sie packten ihre Schlafsäcke aus und kuschelten sich hinein.

„Gute Nacht, Igor!“
„Gute Nacht, Rosa!“
„Gute Nacht, Philipp!“
„Gute Nacht, Max!“
„Gute Nacht, Mariechen!“

Philipp drückte Tiger und flüsterte ihm ganz leise ins Ohr: „Gute Nacht, mein kleiner Schatz!“ Doch Tiger war schon eingeschlafen.

Eine Sommernacht

Philipp singt ein Gute-Nacht-Lied für seinen Freund Tiger.
Und du kannst das Bild ausmalen. Aber bitte ganz leise!

Kommt ein Seehund geflogen …

2. Kommt ein Seehund geschwommen
und wird trotzdem nicht nass.
Nein, das ist nicht gelogen,
und dem Seehund macht's Spaß.

3. Kommt ein Seehund geschwommen,
der hat eine Luftmatratz'
zum Geburtstag bekommen
und darauf noch viel Platz.

4. Kommt doch alle zu mir rauf,
denn dann haben wir Spaß!
Wer dann noch keinen Platz hat,
na, der wird eben nass!

Dieses Lied passt zur Melodie von „Kommt ein Vogel geflogen".

Die Flaschenpost

Philipp und Tiger gingen am Strand spazieren.
Sie fanden viele Dinge: Philipp fand eine Muschel und ein Stück Holz und eine Feder.
Tiger fand eine Flasche. Und in der Flasche war ein Zettel.

„Das ist eine Flaschenpost!“, rief Philipp ganz aufgeregt. „Jemand hat einen Brief geschrieben und in eine Flasche gesteckt und ins Meer geworfen. Und wir haben die Flaschenpost gefunden!“

Philipp zog den Stöpsel aus der Flasche und den Zettel. Dann las er vor, was auf dem Zettel stand. „Hilfe, Hilfe, große Not! Hier meldet sich Jan, der Leuchtturmwächter von der Leuchtturminsel. Meine alte Kiste ist kaputt. Ich brauche Hilfe!“

„Hast du gehört, Tiger?“, rief Philipp. „Wir müssen Jan, den Leuchtturmwächter, retten. Seine alte Kiste hat ein Loch. Und jetzt kann er mit dem Kahn nicht an Land rudern und sich nichts zu essen kaufen!“
Also fuhren Philipp und Tiger los, hinaus auf das große, weite Meer. Philipp ruderte, Tiger stand vorne im Boot und hielt Ausschau nach Jans Leuchtturm. Das war gar nicht einfach, denn das Meer war groß und das Boot war klein und es wackelte auf den Wellen.

Endlich sahen sie einen Leuchtturm.
Der Leuchtturm stand auf einer kleinen Insel, und oben stand jemand und winkte.
Kein Zweifel, das war Jan, der Leuchtturmwächter.

„Endlich kommt jemand!", rief Jan, der Leuchtturmwächter.
„Willkommen auf meinem Leuchtturm!"

„Wir haben deine Flaschenpost gefunden und wollen dir helfen", sagte Philipp.
„Wo ist deine kaputte Kiste?"

„Kommt mit“, sagte Jan, der Leuchtturmwächter.
„Ich zeige sie euch.“

Jan stieg mit Philipp und Tiger die Treppe im Leuchtturm hinauf. Und Philipp wunderte sich sehr, warum Jan sein Boot oben im Leuchtturm hatte.

„So“, sagte Jan, der Leuchtturmwächter.
„Das ist meine kaputte Kiste!“

„Wie? Wo? Was?“, murmelte Philipp.
„Wir dachten, dein Boot sei kaputt!“

Die kaputte Kiste war gar kein Boot.
Die Kiste war Jans Fernsehapparat.

„Ihr könnt euch nicht vorstellen, wie schlimm das ist!“, jammerte Jan.
„Tag und Nacht bin ich allein auf meinem Leuchtturm, und mein Fernseher funktioniert nicht!“

Philipp schaltete den Fernseher ein und aus, doch nichts rührte sich.

„Oje!“, sagte Jan enttäuscht.
„Und was machen wir jetzt?“

„Jetzt machen wir es uns gemütlich und gucken uns Tigers Fernsehschau an", sagte Philipp. „Hast du eine große Schachtel?"

Jan, der Leuchtturmwächter, brachte eine große Schachtel. Und er brachte heißen Tee und Kekse.

Und dann machte Tiger in der Schachtel eine Fernsehschau. Was für ein Spaß das war! „Das war toll!", sagte Jan, als Tigers Fernsehschau aus war. „Danke, Tiger! Danke, Philipp! Ich wollte, ihr würdet bald wiederkommen." Und vor Begeisterung warf er seine Kappe in die Luft. Die Kappe landete hinter der kaputten Kiste.

Als Jan seine Kappe hervorholen wollte, sah er das Fernsehkabel.
Das Kabel lag lose herum. Es war nicht eingesteckt!
„Das also war der Fehler“, murmelte Jan. „Jetzt funktioniert der Fernseher wieder.
Was war ich doch dumm! Tut mir leid für euch.“
„Aber es war doch schön
bei dir“, rief Philipp.
„Nicht wahr, Tiger?“

Tiger nickte, und Jan, der Leuchtturmwächter, freute sich sehr.
„Kommt ihr wieder?“, fragte er. „Ja, gern“, sagte Philipp und Tiger nickte wieder.
Philipp und Tiger ruderten zurück zum Ufer. Jan aber holte sich ein frisches Blatt Papier,
setzte sich an seinen Schreibtisch und machte eine neue Flaschenpost fertig.

„Lieber Philipp, lieber Tiger!“, schrieb er.
„Hier meldet sich Jan, der Leuchtturmwächter.
Vielen Dank für den tollen Nachmittag.
Ich habe mir eine spannende Fernsehschau
ausgedacht. Und wenn ihr mich
das nächste Mal besuchen kommt,
dann zeige ich sie euch!

Viele Grüße, euer Jan.“

AM MEERESGRUNDE

Philipp fährt seit einer Stunde
mit dem Ruderboot die Runde,
und er holt vom Meeresgrunde
lauter allerschönste Funde:
einen Schuh und eine Flasche,
eine rote Einkaufstasche,
eine Kette, sieben Ringe
und noch andre schöne Dinge!

Was hat da noch alles Platz?
Ein geheimnisvoller Schatz?
Was könnt' sonst noch unten sein?
Mal es selbst ins Bild hinein!

Lauter bunte Sonnenschirme

Am Strand scheint die Sonne so heiß, dass Philipp und Tiger ein schattiges Plätzchen suchen. Gut, dass es hier so viele Sonnenschirme gibt!

1. Wie viele Sonnenschirme gibt es hier?
2. Wie viele haben Tupfen?
3. Wie viele haben einen blauen Rand?
4. Wie viele haben kein Muster?
   Welche Farbe haben sie?
5. Auf wie vielen Schirmen kommt Gelb vor?
6. Wie viele haben ein Muster in Blau und Grün und Weiß?

Auflösung: 1. Es gibt neun Sonnenschirme. 2. Zwei haben Tupfen. 3. Ein Schirm hat einen blauen Rand. 4. Zwei haben kein Muster. Sie sind gelb. 5. Auf drei Schirmen kommt Gelb vor. 6. Drei sind blau, grün und weiß gemustert.

Ein Eis für Tiger!

Ach, wie scheint die Sonne heiß!

Da holt Philipp schnell mal Eis.

Eins für Tiger, eins für ihn,
hier mehr rot und da mehr grün.

Ampel rot. Da bleibt man stehen.
Ampel grün und weitergehen!

Heute ist es ziemlich heiß,
und wenn's heiß ist, fließt das Eis.

Philipp hat was übersehen,
und nun muss er wieder stehen.

Jetzt läuft Philipp wieder los.

Achtung! Autsch! Zusammenstoß!

Und von beiden Tüten fließt,
was vom Eis noch übrig ist.

Philipp läuft, so schnell er kann ...

Vorsicht! Hoppla! Mannomann!

Nur noch ein Eis in der Hand.
Und das ist jetzt voller Sand!

Da zieht Tiger ein Gesicht:
„Eis voll Sand, das mag ich nicht!"

Ist der Weg auch noch so weit – besser holt man Eis zu zweit!

AM STRAND

Philipp hat für Tiger eine tolle Sandburg gebaut.
Du kannst das ganze Bild bunt ausmalen!

FERIEN AM MEER

4. Zusammen mit Philipps Schwimmring sind es dreizehn Schwimmringe. 5. Vier Schwimmringe liegen auf einem anderen Schwimmring. 6. Es gibt nur einen Wasserball und nur eine Luftmatratze. 7. Zwei Sonnenbrillen liegen da. 8. Neun Stöpsel sind zu sehen.

Philipp und Tiger machen Ferien am Meer.
Heute spielen sie am Strand, bis sie müde sind.
Philipp setzt sich auf seinen Schwimmring, ruht sich aus und sieht sich um.
Wie viele bunte Badesachen da im Sand liegen! Philipp schaut und zählt.
Machst du mit?

1. Wie viele Sachen haben das gleiche Muster wie Philipps Schwimmring?
2. Wie viele Schwimmenten gibt es? Wie viele sind gelb? Sind alle richtig aufgeblasen?
3. Wie viele Schwimmflügel sind auf dem Bild? Welche passen zusammen?
4. Wie viele Schwimmringe sind zu sehen (ohne Schwimmenten)?
5. Wie viele Schwimmringe liegen auf einem anderen Schwimmring?
6. Wie viele Wasserbälle gibt es? Wie viele Luftmatratzen?
7. Wie viele Sonnenbrillen liegen herum?
8. Wie viele Stöpsel sind zu sehen?

Auflösung: 1. Sechs Sachen haben das gleiche Muster wie Philipps Schwimmring 2. Es gibt drei Schwimmenten. Zwei sind gelb. Nur zwei sind richtig aufgeblasen. 3. Es gibt fünf Schwimmflügel. Nur die beiden roten mit den weißen Tupfen passen zueinander.

ALLES GUTE ZUM GEBURTSTAG

Guten Tag, ihr lieben Bienen!
Womit können wir euch dienen?
Ach, ihr wollt ein wenig naschen?
Und dann füllt ihr eure Taschen
für die Onkel und die Tanten
und die anderen Verwandten!

Nein, das kann ich nicht erlauben
und ihr müsst es mir schon glauben:
Die Geburtstagstorten sind
alle fürs Geburtstagskind.

Liebe Bienen! Bloß nicht stechen.
Ich will euch jetzt was versprechen:
Gleich nach dem Geburtstagsfest
kriegt ihr dann den süßen Rest!

DER VERSCHWUNDENE GEBURTSTAG

„In einer Woche haben wir Geburtstag!“, sagte Philipp zu Tiger. „Da machen wir ein Fest und laden alle unsere Freunde ein.“

Philipp setzte sich hin
und schrieb Einladungen:
„Herzlich willkommen beim großen Geburtstagsfest! Freitag um drei! Bei Philipp und Tiger“,
schrieb Philipp und schickte die Einladungen los.

Zwei Tage vor dem Fest kauften Philipp und Tiger alles ein, was sie brauchten.

Einen Tag vor dem Fest rief Mimi an.
„Hör mal, Philipp, wer hat eigentlich morgen Geburtstag?“, fragte sie. „Du? Oder Tiger? Oder ihr beide?“

„Wir beide“, sagte Philipp.
Und nach einer Pause: „Ich glaube schon.“

„Schade“, sagte Mimi.
„Wenn ihr an verschiedenen Tagen Geburtstag hättet, könnten wir zweimal feiern. Also, dann bis morgen um drei.“

Philipp dachte nach. Tiger dachte auch nach.

„Du, Tiger, hast du wirklich morgen Geburtstag?“, fragte Philipp dann.

Tiger schaute Philipp fragend und kummervoll an und schwieg.

„Wir tun einfach so“, sagte Philipp zu Tiger und streichelte ihn. „Einverstanden?“

Aber Tiger war nicht einverstanden. Er wollte natürlich ganz genau wissen, wann er Geburtstag hatte.

Also mussten sie es herausfinden. Zuerst suchten sie auf dem Dachboden. Da war Tigers Andenkenkiste.

In der Kiste fanden sie:
33 Fotos, 17 gepresste Blumen,
eine Murmel, ein Reserverad,
eine versteinerte Honigschnecke,
eine alte Leine, Tigers erste
Futterschüssel und jede Menge Staub.

„Ha-ha-hatschi!"
Philipp und Tiger
mussten furchtbar niesen.
Aber wann Tiger Geburtstag
hatte, wussten sie noch
immer nicht.

„Ich habe eine Idee“, sagte Philipp.
„Wir gehen aufs Rathaus.
Da weiß man sicher Bescheid!“

Aber auch im Rathaus war
man ratlos.

„Tiger“, sagte die
Oberamtfrau.
„Wie schreibt man das?“

„T wie toll“, sagte Philipp,
„i wie intelligent,
g wie gutmütig,
e wie erstklassig und
r wie Raubtier.“

Die Oberamtfrau suchte und suchte.
„Ticker, Tiginger, Tigowski, Tschingis Khan“, murmelte sie.
Dann schüttelte sie den Kopf.
„Über einen Tiger haben wir hier nichts“, sagte sie. „Sind Sie sicher, dass es ihn überhaupt gibt?“

„Aber da steht er doch!“, rief Philipp.

Die Oberamtfrau guckte Tiger an, dann guckte sie in ihre Akten, dann sagte sie: „Rätselhaft. Das ist ein Fall für die Polizei!“

Also gingen Philipp und Tiger zur Polizei.

„So was habe ich noch nie erlebt!“, sagte der Polizist.
„Dass jemand seinen Geburtstag sucht! Na schön, dann machen wir erst mal Fingerabdrücke.“
Er rollte Tiger hin und her, betrachtete seine Abdrücke und murmelte: „Verdächtig. Der Sache muss ich nachgehen.“

Er schaute Tiger scharf an, drehte sich um und verschwand im Nebenzimmer.
Und auch Tiger verschwand.
Schon war er raus aus der Tür und fort.

Philipp fand Tiger zwei Straßen weiter hinter einer Plakatsäule wieder.
„Du brauchst doch keine Angst zu haben. Dir will keiner was tun“, sagte Philipp.
Aber auch ihm war es mulmig zumute.
Vielleicht war es ja verboten, keinen Geburtstag zu haben.
Und vielleicht war ja der Mann mit der Zeitung dort hinten ein Geheimpolizist.

Vorsichtig schauten sie sich um. Da sahen sie ein Plakat:
Die Sterne sind dein Schicksal!
Professor Doktor Willibald Grünspecht
Sterndeuten und Wahrsagen
Hilfe in allen Lebenslagen
Sprechstunden von 2 bis 5 Uhr

„Das ist unsere Chance“, flüsterte Philipp. „Nichts wie hin!“

Professor Doktor Willibald Grünspecht wohnte in der Sterntalerstraße 12a.

„Komm, Tiger, wir gehen einfach rein“, sagte Philipp.

Als sie eintraten, schlug die Uhr fünf.

„Feierabend!“, rief der ältere Herr, der dort saß.

„Professor Doktor Grünspecht?“, fragte Philipp. „Könnten Sie uns sagen, wann…“

„Professor Grünspecht ist mein Vater“, sagte der ältere Herr. „Aber für heute ist Schluss. Kommen Sie morgen wieder!“

„Wir möchten bloß wissen, wann Tiger Geburtstag hat“, rief Philipp.

„Morgen, bitte!“, rief der junge Grünspecht.

„Wir müssen es aber jetzt wissen“, flüsterte Philipp verzweifelt...

...und drückte die Tür zum Sprechzimmer auf. Da saß der alte Professor Doktor Grünspecht persönlich. „Verzeihung“, sagte Philipp, „Sie sind unsere letzte Chance. Wann hat Tiger Geburtstag?“

„Morgen!“, rief der Professor. Tiger strahlte und schnurrte. Morgen?
„Sind Sie sicher?“, fragte Philipp zaghaft. „Morgen?“
„Natürlich!“, schrie Professor Doktor Grünspecht. „Morgen!“

Juppie! Tiger machte vor Freude einen Luftsprung.
Der junge Grünspecht schaute verblüfft, als Philipp und Tiger so fröhlich aus dem Sprechzimmer seines Vaters kamen.
„Kommen Sie morgen wieder?“, fragte er.

„Wieso denn?“, rief Philipp.
„Morgen haben wir doch Geburtstag!“

Dann liefen die beiden, so schnell sie konnten, nach Hause.

Philipp und Tiger backten Geburtstagskekse ... und freuten sich auf den nächsten Tag.

Punkt drei am nächsten Tag kamen die Freunde hereingestürmt
und riefen im Chor:

„Alles alles Gute Gute zum zum Geburtstag Geburtstag!“

WAS FÜR EINE RIESENTORTE!

Leider ist sie noch ganz weiß! So schmeckt sie nicht!
Male eine schöne bunte Torte für Philipp, und dann male das ganze Bild aus.

EIN TOLLES FEST!

Was gibt es hier alles zu sehen! Damit kann man bestimmt ein besonders schönes Fest feiern. Schau dir die Bilder genau an. Immer zwei Dinge gehören zusammen. Welche?

Auflösung: Kuchen und Gabel, Tasse und Löffel, Geschenk und Bändel, Rose und Vase, Blumentopf und Gießkanne, Buntstifte und Malblock, Deckel und Teekanne, Schmuckkästchen und Perlenkette, T-Shirt und Teddybär, Saftflasche und Gläser.

UND ALLE FREUNDE FEIERN MIT

Philipp und seine Freunde feiern gemeinsam.
Doch richtig bunt geht es erst zu, wenn du das Bild ausgemalt hast.

Tigers Geburtstagslied

Tiger will Geburtstag feiern
und er lädt sich Gäste ein,
fiderallala, fiderallala,
da kommen Groß und Klein.

Es stampft, es stampft der Elefant
durch den Wald und übers Gras,
stampferallala, stampferallala,
denn stampfen macht ihm Spaß.

Es fliegt, es fliegt der Schmetterling
und flattert durch die ganze Welt,
flatterallala, flatterallala,
weil ihm das so gefällt.

Es tanzt, es tanzt die Philipp-Maus
vor Freude und voll Übermut,
tanzerallala, tanzerallala,
denn das kann Philipp gut.

Es hüpft, es hüpft das Känguru
und freut sich, und in seinem Bauch,
hüpferallala, hüpferallala,
da hüpft sein Kleines auch.

Es schwimmt, es schwimmt der kleine Frosch
durch den großen Fröscheteich,
schwimmerallala, schwimmerallala,
und jetzt sind alle da!

Tigers Geburtstagslied passt zur Melodie von „Ein Vogel wollte Hochzeit halten".

HUII! DIE KALTE ZEIT BEGINNT!

Der Wind bläst huiii! die Blätter fort.
Er rüttelt hier und schüttelt dort
und nimmt sie einfach mit
auf seinem Himmelsritt
zu einem andren, fernen Ort.

Dem Wind, dem macht das großen Spaß.
Er zupft an Zweigen, rupft am Gras
und gar nichts lässt er liegen,
denn alles will er kriegen.
Mein lieber Wind, ich sag dir was:

Ich bin nur eine kleine Maus
und bin kein Blatt. Drum lass mich aus
und lass mich bitte schön in Ruh!
Sei still und hör mir endlich zu!
Ich flieg nicht mit! Ich bleib zuhaus!

DIE TRAURIGE VOGELSCHEUCHE

„Schau, Tiger, wie schön alles wächst!“, sagte Philipp, als er mit Tiger durch die Felder spazierte. „Salat und Gemüse und Kürbisse und lauter feine Sachen.
Die Vögel und die Bauern und alle freuen sich.
Ist das nicht toll?“

Doch Tiger sagte nichts.
Er blieb stehen. Denn hinter ihnen, da war etwas zu hören. Plötzlich machte es klimper klimper.
Dann heulte es leise und machte uiii-uiii-uiii.

„Tiger, hörst du das?“, fragte Philipp mit banger Stimme. „W-w-was mag das sein?“

Wieder machte es uiiii-uiiii-uiiii!
Philipp nahm seinen ganzen Mut zusammen und drehte sich um.
Mitten im Feld stand eine gruselige Gestalt und winkte und klimperte.

„Uiii-uiii-uiii“, machte die Gestalt.
„Kommt mich doch besuchen. Kommt näher!“

„Keine Angst, Tiger“, flüsterte Philipp. „Das ist bloß eine Vogelscheuche.
Eine Vogelscheuche tut nichts. Nur Vögel haben Angst vor ihr, weil Vögel nämlich nicht besonders klug sind. Komm mit, Tiger!“

Philipp ging voran, und Tiger ging hinter ihm her, aber ganz vorsichtig.
Als sie näher zur Vogelscheuche kamen, fing sie an zu jammern.
„Klimper-uiii-oh-weh“, machte die Vogelscheuche. „Uuuui-oh-weh!“

„Was hast du?“, fragte Philipp. „Du siehst doch so fröhlich aus.
Warum weinst du denn dann?“

„Ach“, sagte die Vogelscheuche, „ich bin gar nicht fröhlich. Ich sehe nur so fröhlich aus.
In Wirklichkeit bin ich furchtbar traurig.“

„Warum denn das?“, fragte Philipp.

„Niemand hat Angst vor mir“, antwortete die Vogelscheuche.
„Und schon gar kein Vogel. Statt fortzufliegen, wenn ich mich schüttle und klimpere, kommen sie alle her und zupfen am Salat. Und der Bauer ist böse auf mich, weil die Vögel alles wegfressen. Ach, was bin ich für eine schlechte Vogelscheuche. Uuuui-uuui!“

Philipp und Tiger guckten sich um. Kein einziger Vogel war in der Nähe.
Alle flogen sie am Himmel umher, ganz weit weg.
„Aber da ist doch gar kein Vogel!“, rief Philipp.

„Jetzt sind alle Vögel weg“, sagte die Vogelscheuche. „Weil ihr da seid. Jetzt trauen sie sich nicht her. Sie haben Angst und gehen anderswo essen.“
„Angst?“, sagte Philipp. „Warum sollten sie Angst vor mir haben?“

„Vor dir haben sie keine Angst“, sagte die Vogelscheuche und schaute Tiger an. „Vor dem da haben sie Angst!“

Tiger strahlte über das ganze Gesicht. Die Vögel hatten Angst vor ihm. Das war lustig.

„Bitte bleibt bei mir!“, sagte die Vogelscheuche. „Wenigstens der da soll bleiben und mir helfen, die Vögel zu verscheuchen. Kannst du ihn mir ausborgen bis übernächste Woche?“

Philipp schaute Tiger an und schüttelte den Kopf.
„Meinen Tiger verleih ich nicht“, sagte er. „Aber ich habe eine Idee!“
Dann flüsterte er der Vogelscheuche etwas ins Ohr.
Die Vogelscheuche nickte und machte die Augen zu.
Und dann suchte sich Philipp den dicksten Kürbis aus, der auf dem Feld wuchs.

„Bis später!“, rief Philipp und machte sich mit Tiger und dem Kürbis auf den Heimweg.
Zu Hause höhlten sie den dicken Kürbis aus und kochten sich einen großen Topf voll Kürbissuppe.

Und was blieb übrig vom Kürbis?
Ein großer, dicker Kürbiskopf. Mit einem großen Loch für den schrecklichen Katzenmund und zwei kleinen Löchern für die gefährlich blickenden Katzenaugen.

„Komm, Tiger“, sagte Philipp.
„Essen können wir später.“

Als Philipp und Tiger zur Vogelscheuche kamen, winkte sie schon und klimperte.

„Gut, dass ihr da seid!", rief sie. Philipp setzte den Kürbistigerkatzenkopf neben die Vogelscheuche. „Miau", machte die Vogelscheuche. Und huii, da flogen die frechen Vögel fort und suchten sich ihr Abendessen anderswo.

„Vielen Dank, Philipp und Tiger!", rief die Vogelscheuche fröhlich. „Jetzt bin ich eine echte Vogelscheuche. Miau!"

Und was taten Philipp und Tiger? Sie liefen schnell nach Hause und jeder bekam einen großen Teller Kürbissuppe, und Philipp sogar drei.

Alles doppelt – oder doch nicht?

Philipp hat viele Karten mit lauter Obst und Gemüse gemalt.
Fast jedes Bild gibt es zweimal, aber ein Bild gibt es nur einmal.
Ist es der Apfel? Oder die Banane? Oder die Erbsenschote? Oder etwas anderes?

Schau dir alle Karten an und verrate Philipp, welches Bild nur einmal daliegt.

Auflösung: Die Erbsenschote gibt es nur auf einem Bild.

DAS APFELHÄUSCHEN

Phlipp hat zwei knackige saftige Äpfel im Garten gefunden.
Einen Apfel für Philipp und einen Apfel für Tiger.
Aber halt, da hat Philipp etwas übersehen!

Ein klitzekleiner Stern

Manchmal wäre ich so gern
auch ein klitzekleiner Stern.
Würde hoch am Himmel stehn
und zur Erde runtersehn.

Würde rufen: „Ist da wer?
Sieht mich jemand, bitte sehr?"
Würde mir dann jemand winken,
ja, dann würd' ich kräftig blinken.

AUF DEM MARKT

Im Herbst gibt es leckere Dinge auf dem Markt. Philipp hilft gerne beim Verkaufen. Zeichne Obst oder Gemüse in den leeren Korb und male dann alles schön bunt an.

PHILIPP UND DIE VIELEN BLÄTTER

Jetzt kommt bald das Winterwetter
und von all den großen Bäumen
fallen viele kleine Blätter.
Philipp macht sich gleich ans Räumen.

In den Korb mit euch, ihr Blätter!
Wenn man alles sauber hat,
ist es schließlich doch viel netter.

Halt, hier liegt ja noch ein Blatt!
Und das oben auf dem Ast
hat den letzten Wind verpasst.

Flattert in der Luft herum.
Also, das ist wirklich dumm!

Das muss Philipp auch noch kriegen.
Keins bleibt hängen oder liegen!

Warte, Blatt, gleich hab' ich dich!
Hoppla! O wie fürchterlich!

Philipp, nur nicht übertreiben!
Blätter können liegen bleiben!

Aber doch nicht Katz und Maus!
Tiger, komm, wir gehn nach Haus!

HUIII, DER WIND!

Wie stark er bläst! Fast zieht er Philipp und Bärchen mit fort.
Male die Seite bunt aus.

Hallo, Herr Maulwurf!

Philipp hat eine wichtige Nachricht für Herrn Maulwurf Leopold Gräber.

der gelben und bei der grünen Fahne hineinläuft. Der Marienkäfer ist beim Hügel mit der blauen Fahne hineingekrabbelt.

Leider weiß Philipp nicht, bei welchem Maulwurfshügel er hineinrufen soll, damit ihn der Herr Maulwurf auch hört. Kannst du ihm helfen?

? Von welchem Hügel führt die Röhre zum Schlafzimmer von Leopold Gräber? Ist es der Hügel mit der gelben, mit der roten, mit der grünen oder mit der blauen Fahne?

? Wenn Leopold Gräber morgen Pickel und Schaufel sucht: Wo muss er hinaus und wieder hinein, damit er sein Werkzeug findet?

? Und an welchem Hügel ist der Marienkäfer in den Gang gekrabbelt?

Auflösung: Leopold Gräber kommt von der roten Fahne aus in sein Schlafzimmer. Sein Werkzeug kann er holen, wenn er bei

Das Lied vom Nasenschnupfen

O weh! Der arme Nasenbär ist ja ganz fürchterlich erkältet!
Wie schön, dass ihn seine Freunde besuchen. Und wenn sie ihm jetzt noch das Lied vom Nasenschnupfen vorsingen, ist er bestimmt bald wieder gesund.

Der Bär hat einen Nasenschnupfen.
Schnupf!
Womit soll er die Nase tupfen?
Tupf!
Er klagt: Ich suche und ich such
und finde doch kein Taschentuch
Hatschi! Schnupf schnupf! Hatschi!
Hatschi! Tupf, tupf! Hatschi!

Da hat es an der Tür geklopft.
Klopf, klopf!
Der Bär ruft: Vorsicht, Nase tropft!
Tropf, tropf!
Da kommt Philipp zu Besuch
und bringt dem Bärn ein Nasentuch,
Hatschi! Hurrah! Hatschi!
Hatschi! Hurrah! Hatschi!

Die Melodie ist wie bei „Es klappert die Mühle am rauschenden Bach".

PHILIPP BAUT EINEN SCHNEEMANN

„Schau, Tiger, es schneit!“, rief Philipp. „Freust du dich auch so auf den ersten Schneemann?“

Tiger schaute nach oben. Aber er sah keinen Schneemann. Nur tausend Flocken, die vom Himmel tanzten.

„Komm, wir gehen raus“, sagte Philipp, „und ich zeig dir, wie man einen Schneemann baut.“ Philipp zog die Fäustlinge an und setzte die Mütze auf und schlang sich den Schal um. Dann liefen die beiden Freunde hinaus und warteten, bis genügend Schnee gefallen war.

„Zuerst der Bauch“, sagte Philipp. Er rollte eine Schneekugel durch den Schnee, bis daraus ein großer Schneemannbauch geworden war.

„Hallo, Vögel“, rief Philipp. „Hallo, Hasen! Seht her, wir bauen einen Schneemann!“

Dann machte Philipp
noch eine Schneekugel.
Und dann noch eine kleine.
Das war der Kopf.

Da fehlte noch was.
Philipp lief ins Haus und kam mit einem Kochtopf wieder.
Drinnen im Topf war eine Möhre, das sollte die Nase werden, und ein Zuckerhörnchen, das sollte der Mund werden. Zwei Kekse als die Augen, und der Kochtopf wurde ein Hut.

Aber da fehlte noch was. Der Schneemann hatte keine Knöpfe am Mantel!
Philipp lief ins Haus, um noch mehr Kekse zu holen.
Als er zurückkam ...

... fehlte die Möhrennase, und auch ein Auge war verschwunden.
Komisch, dachte Philipp. Er holte eine neue Möhre und neue Kekse.
Aber als er zurückkam, war das andere Auge weg, und der Mund und die Knöpfe auch.

Da sah Philipp, dass die Hasen Möhren knabberten und die Vögel Krümel aufpickten.

„Ihr Diebe!", rief Philipp empört. „Ihr dürft doch dem Schneemann nicht einfach die Knöpfe und die Augen und die Nase klauen. Könnt ihr euch nicht woanders etwas zu essen suchen?"
Doch die Vögel und der kleine Hase schüttelten traurig den Kopf.

Da begriff Philipp: Es lag ja überall Schnee! Und die Tiere konnten kein Futter finden. Philipp schämte sich, dass er nur an seinen Schneemann gedacht hatte. Aber dann hatte er eine Idee. „Nicht wegfliegen und nicht weglaufen!", rief er. „Wir sind gleich wieder da!"

Philipp und Tiger liefen ins Haus zurück.
Draußen schneite es. Die Vögel und die Hasen warteten gespannt.

Dann, endlich, kam Philipp zurück.
„Ich habe was für euch gefunden!", rief er.

Philipp hängte ein Vogelhäuschen an einen Ast.
Dann schüttete er ganz viele Körner in das Häuschen.
Und darunter stellte er einen Korb mit Möhren.

Was für ein fröhliches Gezwitscher und Gehopse und Geknabber und Geschmatze!
„Komm, Tiger", sagte Philipp voller Freude.
„Jetzt können wir den Schneemann fertig machen!"

Ein Spiel im Schnee

Philipp und Tiger spielen Fangen. Macht ihr mit?
Das Spiel könnt ihr zu zweit spielen.

Ihr braucht zwei verschiedene Münzen. Eine Münze liegt auf dem gelben Handschuh bei Philipp. Die andere bei Tiger. Und dann geht das Spiel los: Abwechselnd rutscht ihr mit euren Münzen immer einen Handschuh weiter. Wer schafft es, die Münze des anderen einzufangen?

WAS FEHLT DENN DA?

Die Bilder vom Vogel, vom Schneemann und von Philipp und Tiger auf der linken Seite sind schon bunt und fertig. Aber auf den Bildern rechts fehlen noch eine Menge Dinge! Schau genau, was auf der rechten Seite alles fehlt, und zeichne die Bilder fertig. Danach kannst du sie bunt ausmalen.

SO VIELE SCHNEEMÄNNER!

3. Drei haben einen Besen. 4. Zwei haben Vogelbesuch. 5. Der Schneemann mit dem braunen Hut hat sechs Knöpfe. Tiger hat nur zwei. 6. Klar, es gibt auch eine Schneefrau!

Philipp hat alle Schneemänner selbst gebaut.
Und jeder Schneemann sieht ein wenig anders aus.
Schau sie dir genau an!

1. Wie viele Schneemänner tragen ein Halstuch um den Hals? Wie viele einen Schal?
2. Wie viele haben einen Topf auf dem Kopf? Wie viele einen echten Hut?
3. Wie viele haben einen Besen im Arm?
4. Wie viele haben Besuch von einem Vogel?
5. Wer hat die meisten Knöpfe? Und wer die wenigsten?
6. Gibt es auch Schneefrauen?

Die Sprungschanze

So eine kleine Sprungschanze ist eine tolle Sache.
Da kann Philipp große Sprünge machen.
Aber doch nicht dort, wo andere Leute schlafen!

LASST ES EUCH SCHMECKEN!

So viel weißer Schnee! Aber da gibt es auch viele bunte Sachen.
Du kannst sie ausmalen, während Philipp die Vögel füttert.

SCHNEEWEISSE WEIHNACHTEN

Viele tausend Flocken
kommen zu Besuch,
breiten auf die Erde
ein weiches weißes Tuch.

Viele tausend Flocken,
weich und federleicht,
und von denen keine
einer andern gleicht.

Viele tausend Flocken
tanzen Ringelreihn.
Eine dicke Flocke
fange ich mir ein.

Diese eine Flocke
ist so groß und weiß,
landet auf der Zunge
dick und kalt wie Eis.

Viele tausend Flocken
fallen auf die Welt.
Hoffentlich merkt niemand,
dass jetzt eine fehlt!

Der geheime Weihnachtswunsch

Philipp freute sich riesig:
Genau eine Woche vor Weihnachten fiel der erste Schnee.
Nichts konnte Philipp und Tiger jetzt am Schlittenfahren hindern.
Auch nicht die steile Leiter zum Dachboden, wo der alte Schlitten stand.

Auch nicht der Baum mitten auf dem Hügel.
„Keine Bange!", sagte Philipp zu Tiger. „Links und rechts vom Baum ist genug Platz für einen Schlitten mit zwei tüchtigen Piloten. Wir müssen nur beide in die gleiche Richtung lenken!"

„Aufgepasst, Tiger!“, rief Philipp. „Rechts am Baum vorbei ... hoppla! Das war falsch.“ Sie versuchten das Ganze noch mal. „Links vorbei!“, rief Philipp. „LINKS! Oh!“ Wieder fuhren sie ganz falsch.

Als sie wieder oben am Hügel standen, da stellte Philipp Tiger eine sehr ernste Frage.
„Tiger“, fragte er, „Tiger, weißt du denn überhaupt, wo rechts und links ist?“
Tiger war ein bisschen verlegen.
„Links ist hier“, erklärte Philipp. „Und rechts ist dort drüben.“
Dann zeigte er Tiger, wie man nach rechts lenkt. „Verstanden?“, fragte Philipp.
Tiger nickte und sie machten sich wieder fahrbereit. Und da geschah es ...

„Schau mich nicht so an", sagte Philipp, als er wieder aus dem Schnee auftauchte.
„Ich kann nichts dafür. Der alte Schlitten war schuld. Wenn zwei Piloten draufsitzen, fährt so ein alter Schlitten, wie er will ..."
„Aber ...", tröstete Philipp, „es ist ja bald Weihnachten!"

Langsam wurde es dunkel. Doch Philipp und Tiger hatten es gar nicht eilig, nach Hause zu kommen. Denn am Himmel zogen die Sterne auf und leuchteten auf die Erde.
Es war ein wunderschöner Winterabend.
„Sei nicht traurig, Tiger!", sagte Philipp. „Sieh die Sterne, wie sie fröhlich funkeln!"
Dann zeigte er Tiger die wichtigsten Sternbilder: den Großen Bären, den Großen Wagen, den Großen Kuchen und wie sie alle heißen. Als plötzlich ...

... eine Sternschnuppe den Himmel herunterpurzelte.
„Jetzt wird alles gut!", rief Philipp. „Wenn man eine Sternschnuppe sieht, dann darf man sich etwas wünschen. Und wenn man seinen Wunsch niemandem verrät, dann geht er in Erfüllung! Schnell, Tiger, wünsch dir was zu Weihnachten!"
Tiger und Philipp kniffen die Augen fest zu und dann wünschten sie sich etwas mit aller Kraft.

Als sie die Augen wieder aufmachten, war die Sternschnuppe verschwunden.
„Du darfst deinen Wunsch nicht verraten!", sagte Philipp zu Tiger. „Kein Wort. Nichts. Verstanden? Ich verrate dir auch nicht, was ich mir gewünscht habe!"

Tiger und Philipp waren verschwiegene Freunde. Sie schwiegen eisern, besonders Tiger.
Er schwieg auf dem Heimweg, er schwieg beim Abendbrot,
er machte nicht mucks noch maunz beim Feuermachen.

„Wunderbar“, murmelte Philipp, „jetzt bekommen wir zu Weihnachten genau das,
was wir uns wünschen! Also, ich wünsche mir einen ...“
„Psst!“, machte Tiger. Da schwiegen sie wieder.

Sie machten es sich vor dem Kamin gemütlich.
Der kaputte Schlitten brannte wunderschön.
Philipp guckte ins Feuer und dachte an den Weihnachtsstern.
Hoffentlich hatte sich Tiger das Richtige gewünscht.

Am nächsten Morgen beim Frühstück schlabberte Tiger seine Milch und sagte kein Wort.
Er hatte einen Milchbart wie der Weihnachtsmann.
Der Weihnachtsmann!
Warum war Philipp der nicht früher eingefallen?
Er würde dem Weihnachtsmann schreiben.

Philipp setzte sich hin und schrieb:

„Lieber Weihnachtsmann!
Dringend! Zu Weihnachten
wünschen wir uns ...:"

„Also, was wünschen wir uns?", fragte er Tiger.
Tiger wisperte etwas, das klang wie: „Wsswswswspssws!"

Philipp seufzte und schrieb:

„Geheimnis! Sternschnuppenwünsche
darf man nicht verraten."

Noch vier Tage, noch drei, noch zwei, noch einer.
Tiger wurde immer vergnügter. Philipp wurde immer unruhiger.
Ob Tiger sich wirklich das Richtige gewünscht hatte?

Philipp sah zu ihm rüber. „Psst, Tiger, nicht aufwachen! Was hast du dir gewünscht?"
Tiger schnurrte „Brrr, brrr". Aber das war auch schon alles.

Endlich war Weihnachtsabend.
Tiger war zuerst im Wohnzimmer. Er machte „Brrr, brrr“, und schon saß er – wo?
Auf einem ganz kleinen Schlitten.
„Schöne Bescherung“, dachte Philipp. „Der ist ja viel zu klein für uns beide. Ach hätten wir bloß den Mund aufgemacht!“ Und er setzte sich voller Enttäuschung hin.
Dann entdeckte er, dass er auch auf einem Schlitten saß.
Auf einem großen neuen Schlitten! Auf seinem eigenen Schlitten!

Am nächsten Morgen waren Philipp und Tiger als Erste unterwegs.
Jeder hatte seinen eigenen Schlitten dabei. Jetzt konnte nichts mehr passieren.
Jetzt musste jeder selber lenken: nach links, nach rechts oder nach sonstwo ...

Wer hilft mit?

Schau dir die beiden Bilder genau an:
Siehst du die acht Unterschiede?

So ein Schlitten, der ist schwer!
Oben liegen ungefähr
siebenhundertacht Geschenke.

Und das Rentier meint, es wär'
nett und eigentlich nur fair,
wenn ihr anschiebt und ich lenke.

Auflösung: 1. Schleife des Hasen; 2. Fransen an Philipps Schal; 3. Stern auf einem Paket; 4. Geschenkbänder in anderer Farbe; 5. Fransen an der Wolldecke des Rentiers; 6. Geschirr des Rentiers; 7. Vogel auf dem Geweih; 8. Glöckchen am Schlitten

So viele Spielsachen!

So viele schöne Spielsachen.
Noch viel schöner werden sie, wenn du sie bunt anmalst.

PHILIPP HILFT DEM WEIHNACHTSMANN

Ich wollt, ich wär …

Ich wollt', ich wär' der Weihnachtsmann,
dann fahr´ ich auf den Mond
mit allen meinen Päckchen,
ob da wohl jemand wohnt?

Doch oben ist es wüst und leer,
und niemand, der mich hört,
und ich sing´, so laut ich kann,
weil das hier keinen stört.

Hallo, hallo, hallo,
hallo, hallo, hallo,
ist hier jemand irgendwo?
Hallo, hallo, hallo...

Dieses Lied kannst du nach der Melodie von „Jingle Bells" singen.

THEMENREGISTER

Geschichten

Ausmalen

Gedichte und Lieder

Rätsel-, Spiel- und Such-Seiten

PHILIPP UND FREUNDE

Philipp, die Weihnachtsmaus

Beim Schlittenfahren finden Philipp und Tiger Weihnachtspäckchen. Mitten im Schnee. „Geschenke für uns", denkt Philipp. „Vom Weihnachtsmann." Aber halt, hier steht ja „Für die Eule" und „Für die Hasen". Was nun? Da hat Philipp eine Idee. Und dann erleben die beiden, wie schön es ist, anderen Freude zu bereiten ...

Text: Norbert Landa, Illustrationen: Hanne Türk
32 Seiten, 23 x 28 cm
DM 19,90 / ÖS 145,-* / SFr 19,-
ISBN 3-933813-11-5

Schön, dass wir beide Freunde sind

Der kleine Hase und der kleine Waschbär sind die allerbesten Freunde. Bis sie eines Tages ein seltsames Ding entdecken. Nun gibt es Streit um dieses Ding – und mit der Freundschaft ist es aus. Nachts kann keiner der beiden schlafen. Doch dann hat der Waschbär eine Idee. Und der kleine Hase auch ...
Eine Geschichte für alle Kinder.
Und ein Geschenk für alle Freunde.

Text: Norbert Landa, Illustrationen: Michael Luz
32 Seiten, 21 x 28 cm
DM 22,- / ÖS 161,-* / SFr 19,90
ISBN 3-933813-82-4

Kleine Rakete sucht Funkelstern

Etwas ganz Besonderes will die kleine Rakete ihrer Mama schenken: einen Funkelstern. Und WUSCH flliegt sie zum Himmel hinauf und macht sich auf die Suche. Da trifft sie die kleine Mondrakete, und die braucht Hilfe ...
Ein Bilderbuch, das erzählt, wie schön es ist zu helfen. Und wie die kleine Rakete ihrer Mama eine ganz besondere Freude macht.
Ein Bilderbuch, das funkelt und glitzert wie der allerschönste Stern.

Text: Julie Sykes/ Norbert Landa, Illustrationen: Jack Tickle
32 Seiten mit Glitzerelementen, 28 x 22 cm
DM 22,- / ÖS 161,-* / SFr 21,-
ISBN: 3-933813-56-5

Jedes Buch:
erhältlich im Buchhandel
und beim BPV-Kunden-Service,
Römerstraße 90,
79618 Rheinfelden/Baden
oder per Fax: 07623/964-255

* unverbindliche Preisempfehlung

oz velber

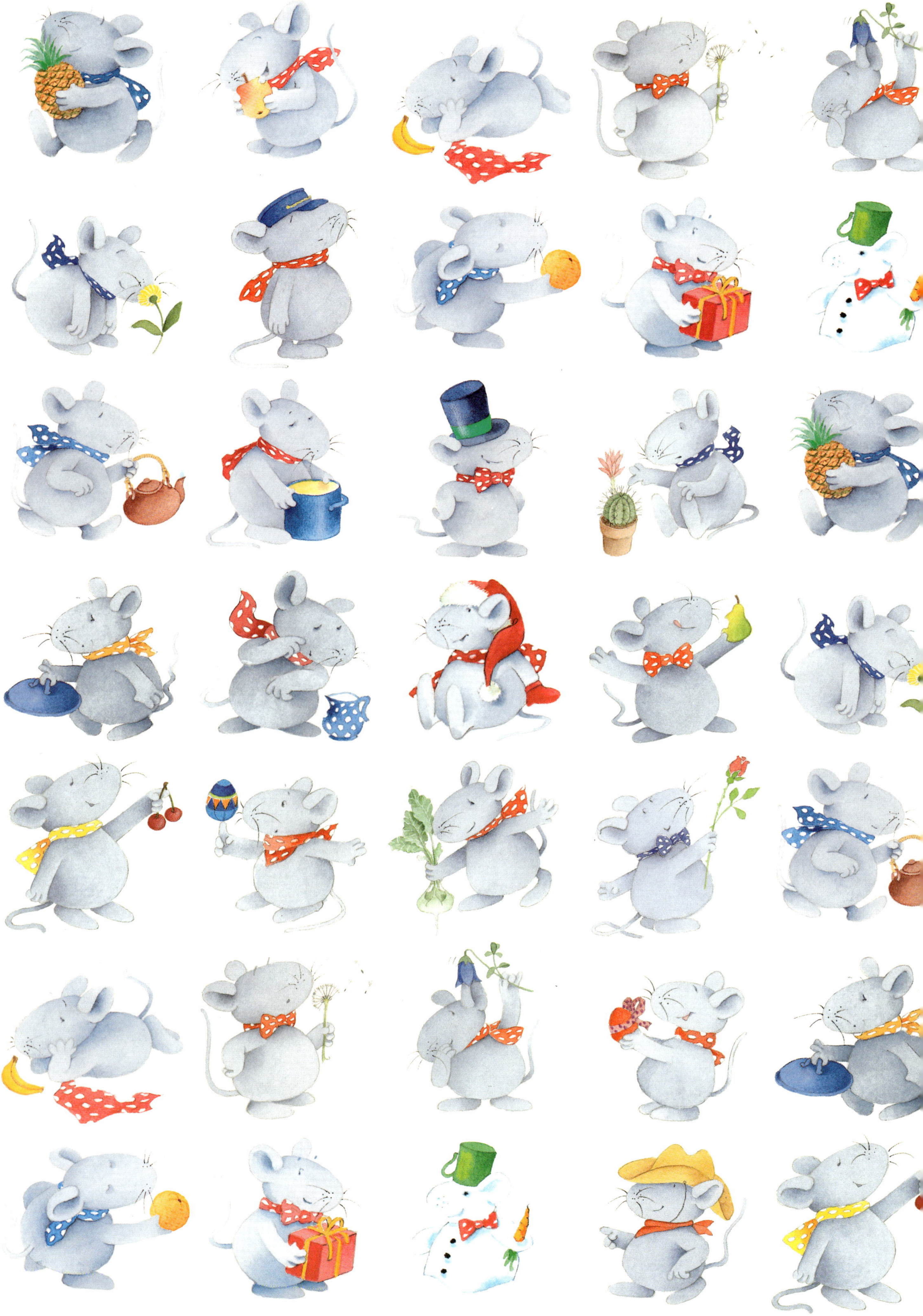